Léon Faucher

L'organisation financière de la Grande-Bretagne

essai

ISBN : 978-1533482389

10 9 8 7 6 5 4 3 2 1

Léon Faucher

L'organisation financière de la Grande-Bretagne

essai

Table de Matières

INTRODUCTION

Dans le déchirement européen dont la révolution de 1789 donna le signal, la France et l'Angleterre sont les personnages du drame. Entre ces deux puissantes nations se vide le duel des deux principes, la tradition d'un côté, et de l'autre le progrès. La Prusse, l'Autriche et la Russie, ces colosses de guerre, paraissent à leur tour, et tous ensemble, sur les champs de bataille, mais comme des agents subalternes et des instruments qu'une puissance supérieure fait mouvoir. La France et l'Angleterre portent seules en elles, ainsi que les héros de l'antiquité romaine, l'ardeur de deux grandes armées. L'une ébranle les masses avec des mots magiques et des promesses de liberté ; l'autre agit sur les gouvernements par la toute-puissance de l'argent. Un jour vint cependant où l'enthousiasme révolutionnaire, rebuté par vingt-cinq années de sacrifices et de souffrances, ne rendit plus aucune vibration ; l'argent, au contraire, renouvelé aux sources du crédit, devait finir par l'emporter.

Il est à remarquer, dans cette lutte de l'Europe contre la France, que l'intérêt de conservation se trouva ainsi représenté par un peuple relativement nouveau, réduit à battre en brèche, au dehors, la liberté qu'il pratiquait au dedans par ses lois ainsi que par ses mœurs. Rien ne prouve mieux à quel point la monarchie féodale était alors décrépite, que cette abdication, au profit de l'Angleterre, du généralat de la coalition. Aussi, quand le génie britannique, grâce à l'appui de douze cent mille baïonnettes prussiennes, autrichiennes, russes, espagnoles et suédoises, a pris l'ascendant sur celui de la France, la révolution n'a point été vaincue ; elle n'a fait que passer de la phase militaire à la phase industrielle : après l'âge des principes est venu celui des intérêts.

Lorsqu'une guerre a duré un quart de siècle, avec des alternatives de succès et de revers, avec des efforts gigantesques et des épisodes fabuleux, le vainqueur lui-même ne peut pas s'en retirer sans blessures. La puissance anglaise, traquée sur le continent, se vit plusieurs fois à deux doigts de sa ruine ; elle résista pourtant par la force prodigieuse de son organisation. Le commerce réparait les pertes de la guerre ; et, quand l'argent manquait, on fabriquait du papier.

Léon Faucher

Au moment où l'on croyait l'Angleterre épuisée, lorsque sa dette excédait vingt milliards décapitai, et que son budget dépassait quinze cents millions, revenu énorme dont les intérêts de la dette publique absorbaient plus de la moitié, elle s'est relevée comme un navire robuste après un coup de vent. Pour faire face à tout, elle a mis le monde commercial à contribution.

Alors on a vu que le crédit, le commerce et l'industrie étaient des puissances merveilleuses, dont chacun a voulu étudier le secret. Des observateurs intelligents ont parcouru la Grande-Bretagne, notant le nombre et la richesse des banques, comptant les vaisseaux et les matelots, pénétrant dans les mines ainsi que dans les magasins, mesurant les chantiers, sondant les docks, dessinant les machines, calculant les mouvements de la vapeur, et analysant ce génie mécanique qui renouvelle, tous les dix ans, les procédés de l'industrie. Nous avons beaucoup admiré et peu imité ; ce qui prouverait que nous n'avons pas compris.

C'est qu'il ne suffit pas de prendre la mesure des détails, si l'on n'a aussi la vue de l'ensemble, et si l'on ignore où réside le principe du mouvement. La Grande-Bretagne doit ses succès à son organisation financière, comme nous avons dû les nôtres à l'organisation administrative, dont la Convention posa les bases, et que l'Empire régularisa ; et le moteur principal, le grand levier de cette puissance, c'est le crédit.

Le crédit est de date ancienne en Angleterre. Au commencement du XVIIIe siècle, quand les autres états de l'Europe empruntaient à 6 et à 8 pour 100, l'Echiquier avait de l'argent à 3 pour 100. Mais les accroissements les plus rapides du crédit ne remontent pas au-delà de la période révolutionnaire : il s'est développé chez nos voisins par la nécessité de soudoyer la guerre, chez nous par la nécessité d'en acquitter la rançon.

La même cause qui a fait la force de l'administration en France a donné, en Angleterre, au crédit public, une vigoureuse impulsion. Chez ce peuple, où tout ce qui est du pouvoir se localise, où le gouvernement n'a que la surveillance, et n'a pas l'action au dedans, le mécanisme financier, par exception au caractère national, procède de la plus vigoureuse centralisation.

En premier lieu, les capitaux se trouvent concentrés dans un petit nombre de mains. La terre, dans l'Angleterre proprement dite, est divisée entre quarante à cinquante mille propriétaires, tandis que la France en compte six millions. Une masse de 699,000,000 fr. de rente se partage entre deux cent soixante-dix-neuf mille porteurs, ce qui donne 2,500 de rente pour chacun. Chaque division du travail a son centre particulier : à Manchester, la filature et le tissage du coton ; à Leeds, la fabrication des étoffes de laine ; à Birmingham, les ouvrages de fonte, de fer et d'acier ; à Newcastle, le commerce du charbon. Le commerce britannique n'ouvre que deux entrepôts où viennent s'entasser les produits des deux mondes, Londres pour l'Orient, et, pour l'Occident, Liverpool ; et là encore, il a sa ville à lui dans les docks, ville murée et gardée qui tient sous clé marchandises et vaisseaux. Trois ou quatre cents banques vont porter la circulation du numéraire dans les moindres districts ; mais la banque d'Angleterre, comme une pompe foulante et aspirante, rattache de gré ou de force tous ces satellites épars à son propre mouvement. Elle bat monnaie, arbitre le taux du change et règle, quand il lui plaît, jusqu'à l'étendue des spéculations privées.

En Angleterre, rien ne se fait par le gouvernement, de ce qui peut être fait par les individus ou par les associations privées. La société se meut, pour ainsi dire, en dehors de l'état, qui se borne à constater et à contrôler la marche des choses, sans prétendre la diriger. C'est ce qui explique la lenteur avec laquelle il modifie ses traditions. Il faut que tout le monde et que chacun ait pris sa part d'un progrès accompli, avant que le gouvernement songe à se l'approprier. Il n'y a pas trois ans que la trésorerie délivrait encore ses récépissés en latin barbare, et faisait ses comptes à l'aide de tailles en bois, selon la méthode du vieil Échiquier normand. Chez nous, le crédit public est entièrement du domaine administratif. C'est du Trésor que part la circulation, et c'est là qu'elle aboutit. Le Trésor, au moyen des quatre-vingt-six receveurs-généraux et des trois cent soixante receveurs d'arrondissement, fait les fonctions de banquier universel ; il absorbe les capitaux de la caisse des dépôts et consignations, ainsi que les fonds des caisses d'épargne, et devient une sorte de caissier gratuit pour tous les citoyens. Le taux auquel il emprunte sert de régulateur à l'intérêt de l'argent, la prime de la dette flottante agissant sur les capitaux mobiles, et la prime de la

Léon Faucher

dette fondée, sur les capitaux immobilisés. Les bons du Trésor et les rentes sur l'état sont, en France, l'étalon (*standard*) de la valeur.

Il n'en est pas de même chez nos voisins. Dans leur édifice financier, le Trésor ne figure pas la clé de la voûte ; son rôle est secondaire et dépendant : la Banque le domine à une grande hauteur. C'est la Banque qui fait les avances de la dette flottante, et qui fixe, par conséquent, l'intérêt pour les bons de l'Échiquier ; c'est la Banque qui déclare, en élevant ou en abaissant le taux de l'escompte, la prime commerciale des capitaux ; c'est la Banque aussi qui, en donnant à ses billets la valeur de l'or, tient le change en faveur de l'Angleterre par rapport à tous les autres peuples chez qui le pair s'évalue au cours de l'argent.

Autant il y a de simplicité, d'unité, de puissance et de grandeur dans le mécanisme de la Banque, autant on découvre d'incohérence, de confusion et de rouages usés ou inutiles dans l'organisation de l'Echiquier. L'administration du revenu public a fait la force de l'Angleterre tant que les autres états de l'Europe ne connaissaient que de nom les garanties du système représentatif ; seule, elle avait une balance régulière de recettes et de dépenses, quand le désordre existait partout ailleurs. Mais elle s'est laissé devancer de bien loin, et va maintenant chercher ses modèles au dehors. Tandis que le système des banques, dans la Grande-Bretagne, semble être le dernier mot de l'économie politique, l'enfance de la science est lisiblement écrite dans son système d'impôt et d'administration.

Nous poursuivrons ce contraste en nous référant, pour les détails, au savant et consciencieux ouvrage que vient de publier M. Bailly sur les finances du Royaume-Uni.[1]

L'ÉCHIQUIER, L'IMPÔT, LE BUDGER

Le gouvernement représentatif, tel qu'on le conçoit de nos jours, est une question de budget. Aussi les Anglais ont-ils placé l'administration des finances au sommet de la hiérarchie des pouvoirs. Le chef du cabinet porte le titre de premier lord de la Trésorerie ; et la Trésorerie est, à proprement parler, la seule

---

1 *Exposé de l'administration générale et locale des finances du Royaume-Uni de la Grande-Bretagne et de l'Irlande.*

administration que dirige par lui-même le pouvoir exécutif. Les ministres de l'intérieur, du commerce et de la justice ne sont guère que les surveillants officiels de l'activité sociale, chacun dans le département qui lui est confié ; mais l'administration du revenu s'opère par les mains des officiers de la couronne, et, par ce côté du moins, le gouvernement entre en contact direct avec les citoyens.

L'organisme de toute machine administrative, en Angleterre, diffère essentiellement du modèle que l'Empire a stéréotypé pour nous. En France, un ministère, c'est un homme, avec des chef de division pour lieutenants et pour armée une multitude de commis. Le ministre des finances gouverne ainsi près de deux cent mille agents, par le despotisme de la circulaire, comme des automates dont tout le mérite consiste à exécuter avec précision les ordres venus d'en haut. Le principe de notre administration civile est le même que celui de la discipline militaire, l'obéissance passive de l'inférieur au supérieur. L'action du pouvoir perd en sûreté, par cette méthode, ce qu'elle gagne en célérité.

Dans la Grande-Bretagne, où le parlement administre autant qu'il délibère, toute administration est surmontée d'un conseil supérieur (*board*), dont le ministre n'est que le président (*chairman*), et auquel se rattachent des conseils inférieurs, organisés de la même manière, portant le double caractère d'une assemblée délibérante et d'un jury. Ce système, qui présente des garanties réelles au public, en donne beaucoup moins à l'état. L'unité du pouvoir exécutif s'égare et se rompt à travers tant de rouages indépendants, ou peu s'en faut, les uns des autres ; et la responsabilité ministérielle s'annule en se divisant.

L'organisation de l'Échiquier a subi quelques réformes en 1834. Voici de quels échelons se compose maintenant cette hiérarchie d'attributions :

Le premier lord de la Trésorerie, le chancelier de l'Echiquier, ministre des finances^ et les *junior lords* ou commissaires de la Trésorerie, au nombre de quatre, forment le conseil supérieur des finances ou la Trésorerie.

Le premier lord de la Trésorerie et le chancelier de l'Echiquier, réunis à des magistrats qui portent le titre de *barons de l'Echiquier*, composent *la cour de l'Echiquier*, tribunal administratif appelé à

Léon Faucher

connaître de toutes les questions contentieuses qui intéressent le revenu public.

De la Trésorerie dépendent : 1° le bureau de la dette nationale, espèce de commission pour le rachat de la dette, qui a le droit d'emprunter dans ce but, et de procéder, soit par la réduction de l'intérêt, soit par le rachat du capital ; 2° la commission chargée des prêts et avances faits par l'état (*exchequer loan commimonners*), qui a pour mission d'encourager les entreprises de travaux publics.

Les administrations qui sont chargées de percevoir l'impôt, sous la direction de la Trésorerie, sont au nombre de cinq : les douanes (*customs or accise*), auxquelles appartient l'application du tarif des droits à l'importation et à l'exportation des marchandises, ainsi que la surveillance et la répression de la contrebande sur les côtes du Royaume-Uni ; l'*excise*, administration qui correspond à celle que l'on a désignée chez nous par le nom de *droits réunis* ; l'administration du timbre et de l'enregistrement (*stamp*), qui réunit à ses attributions principales le recouvrement de l'impôt territorial ; l'administration des postes aux lettres (*post office*), et celle des domaines, ainsi que des forêts.

A l'exception des postes, dont la direction est confiée à un grand-maître qui fait partie du cabinet, chacun des services est sous la direction d'un conseil (*board*) composé de commissaires dont le nombre varie suivant la nature des travaux. Par une autre exception tout aussi peu rationnelle, la prérogative de nommer aux emplois de finance n'appartient pas sans partage au conseil supérieur. Les commissaires de l'excise, solidairement responsables du recouvrement des droits, nomment aux emplois de ce service ; le grand-maître des postes possède également le patronage de certains bureaux ; enfin, dans l'administration des domaines, il est pourvu à diverses fonctions par lettres-patentes du roi.

L'unité du pouvoir exécutif, en Angleterre, réside principalement dans le droit de contrôle, qui est attribué par les lois à la Trésorerie sur tous les autres ministères. Chaque département ministériel soumet, avant la fin de l'année, un projet de budget, dans lequel toute dépense de la valeur de 125,000 francs doit être mentionnée séparément et motivée. Le conseil des finances, après les avoir examinées, notifie aux départements intéressés, soit l'adoption, soit le rejet, des dépenses proposées ; le budget présenté au parlement ne contient que les articles admis par la Trésorerie.

En France, les garanties financières ont été stipulées dans l'intérêt des chambres et du pays, contre les erreurs ou les malversations du pouvoir exécutif. La cour des comptes, composée de magistrats inamovibles et indépendants, prononce sur la conformité des dépenses faites avec les dépenses autorisées par les chambres ou déclarées par le ministère, et recherche si les règles établies par la législation ont été observées. Le ministère lui-même est obligé de rendre ses comptes aux chambres, et de présenter, pour le règlement définitif de chaque exercice, un projet de loi qui met nécessairement à nu les fautes ou les irrégularités qu'il tiendrait le plus à cacher.

En Angleterre, les moyens de contrôle sont d'une tout autre nature ; on les a établis, non point dans l'intérêt du peuple, et comme un complément de la responsabilité ministérielle, mais dans le seul intérêt de l'administration, et comme une garantie qu'elle prend contre ses agens inférieurs. Ces rouages intérieurs de la comptabilité sont : le bureau de contrôle (*board of controll*) et la cour des comptes (*audit office*).

Le bureau de contrôle représente assez exactement les attributions qui appartiennent chez nous à la caisse centrale du Trésor ; il a, pour ainsi dire, le contre-seing des dépenses et des recettes. Aucun comptable ne peut verser des fonds à la Banque, pour le compte du Trésor, sans une autorisation du contrôleur-général. Tout crédit ouvert sur la Banque par la Trésorerie, aux agens des divers services, doit être également revêtu de son visa. La Banque lui remet chaque jour un état des fonds qui sont sortis la veille de ses mains, avec la situation des crédits ouverts à chaque comptable. Ce fonctionnaire est en outre chargé, sous la direction de la Trésorerie, de confectionner et de signer les bons de l'Échiquier dont l'émission a été autorisée par le parlement, de les mettre en circulation et d'en assurer le remboursement. Ainsi le contrôleur-général est véritablement le gardien du Trésor ; encore n'en a-t-il que la clé. On a du reste entouré cette institution d'un certain relief ; le chef du bureau de contrôle est nommé directement par le roi, et il ne peut être révoqué que sur la demande des deux chambres du parlement, ce qui lui confère une sorte d'inamovibilité. La cour des comptes a une juridiction fort limitée et se trouve placée dans la dépendance du Trésor. Les dépenses de l'armée et de la marine ne lui sont pas soumises ; les branches les plus importantes du revenu public, les douanes et l'excise, échappent de même à son examen. Les comptes qu'on lui produit ne comprennent généralement que les dispositions faites sur la Banque, et ne présentent en aucune façon la situation des dépenses acquittées. Ajoutez que le bilan financier porte uniquement sur le revenu net, et laisse en dehors tous les frais de perception. Le docteur Bowring a prouvé dans la dernière session que 6,150,000 livres sterling, environ 154,000,000 de francs, échappaient ainsi chaque année au contrôle de l'administration et du parlement.

La cour des comptes en Angleterre n'est, comme l'a si bien dit M. Bailly, qu'un bureau de vérification, dont les travaux sont subordonnés à l'approbation de la Trésorerie. L'*audit office* arrête les comptes ; la Trésorerie approuve ou modifie l'arrêté, et distribue ensuite à la chambre des communes un aperçu général des recettes et des dépenses de l'année, espèce de compte de caisse appuyé de développements sommaires, que le parlement enregistre sans discussion. Cette imperfection de la comptabilité administrative oblige les chambres et le gouvernement à recourir à la voie incertaine et dispendieuse de l'enquête, chaque fois que l'on veut constater les résultats de tel ou tel système d'impôt. C'est ainsi que les comités d'enquête sont devenus, dans la Grande-Bretagne, un des principaux ressorts du gouvernement.

Il est tout simple que le gouvernement central manque de moyens de contrôle, quand il n'a pas d'action sur les localités. On pourrait citer telle branche d'administration qui n'a pas, hors de la capitale, un seul bureau ni un seul agent. Pour donner un exemple, c'est à Londres que tous les journaux des comtés envoient leurs papiers, afin de les faire timbrer ; aussi les frais d'impression sont surchargés pour eux des frais de transport, tandis que leurs confrères de Londres, voisins du *stamp-office*, n'ont pas les mêmes dépenses à supporter. De là résulte l'inégalité de l'impôt. Rien n'est complet en Angleterre ; l'ordre qui règne entre toutes les parties de ce grand empire est la conséquence des mœurs et non celle des lois ; la pratique remplit incessamment les lacunes, ou corrige les vices de la législation ; car, chaque Anglais porte en lui comme un admirable instinct qui l'avertit de ce qu'il doit faire et de ce qu'il doit éviter. L'édifice de la grandeur anglaise figure aux yeux cette gigantesque ville de Londres, assemblage de plusieurs cités, qui ne sont unies entre elles par aucun lien administratif et où le même ordre règne pourtant dans tous les quartiers, comme s'il ne dépendait pas de différentes administrations, et comme si chacune de ces administrations locales ne votait pas à son gré, sans relever d'aucun contrôle supérieur, la police, l'éclairage, le pavé des rues, la propreté de la voie publique, l'entretien des pauvres et jusqu'à l'éducation des enfans.

Nulle part ce défaut d'action de la part du gouvernement sur le pays n'éclate à un plus haut degré que dans le système de l'impôt. Rien ne s'y fait directement. Le fisc ne saisit ni la personne ni la propriété ; il tourne autour avec un grand soin, par exemple, et marque au passage tous les objets de consommation. Les contributions directes se réduisent à la partie de l'impôt territorial (*land tax*) qui n'a point été rachetée, et qui produit 30,000,000 de francs, ainsi qu'aux impôts compris sous la dénomination générique de taxes assises (*assessed taxes*). Les taxes assises sont des impôts de quotité que M. Pitt établit, à titre de contribution de guerre, en 1798. Elles portent-sur les maisons et sur les fenêtres et comprennent plusieurs taxes somptuaires, sur les domestiques mâles, sur les armoiries, sur les voitures, sur les chevaux et sur les chiens. Les taxes assises, qui avaient rapporté, en 1820, plus de 112 millions de francs, par suite de plusieurs dégrèvements successifs, ne rendaient plus, en 1834, que 94 millions. Ainsi les contributions directes produisent, au total, pour la Grande-Bretagne, un revenu de 125,000,000 francs, à peine le dixième du revenu général de l'état.

Les impôts créés par M. Pitt pendant la guerre, sous la dénomination d'*income-tax* et de *property-tax*, ont été abolis à la paix ; depuis cette époque, les économistes demandent en vain que l'on revienne à un système d'impôt qui contrarie les habitudes du pays. Une raison décisive s'y oppose : en fait, la propriété supporte les taxes locales qui s'élèvent à plus de 600 millions de francs, et l'on ne peut pas demander à la même source le revenu général de l'état.

C'est ici qu'il devient possible de saisir dans toute sa netteté la différence caractéristique qui sépare l'Angleterre de la France.

Léon Faucher

Chez nous, où la propriété est très divisée et se constitue démocratiquement, on réserve l'impôt direct pour les besoins de l'état ; l'impôt indirect forme, au contraire, le principal revenu des communes, et ce n'est qu'à défaut de cette ressource qu'on les autorise à s'imposer, au principal des quatre contributions directes, un certain nombre de centimes additionnels. Chez nos voisins d'outre-mer, où l'aristocratie domine encore, et où la constitution de la propriété est demeurée purement féodale, avant que l'état puisse mettre la main sur l'impôt direct, il faut que cette source ait défrayé les besoins des paroisses, des villes et des comtés. En revanche, l'impôt indirect est du domaine exclusif de l'état, à ce point, que les villes et les corporations n'en retirent pas plus de 20 millions de francs.

C'est la nécessité qui a déterminé le système d'impôt en usage dans la Grande-Bretagne ; mais, quand il s'est agi de fixer l'assiette et la mesure de chaque branche de contribution, c'est le hasard seul qui a tout fait. En France, l'impôt a été révolutionné et renouvelé de fond en comble ainsi que l'état ; de là vient que l'on aperçoit dans cet ensemble une certaine harmonie de proportions. Mais les Anglais, dans la voie du progrès, ne procèdent jamais par une refonte générale des institutions. Les impôts s'établissent chez eux à mesure que les nécessités du Trésor deviennent pressantes, et disparaissent ou s'atténuent avec ces mêmes nécessités. Il arrive ainsi que l'assiette des contributions, ne se modifiant pas aussi promptement que les formes de la richesse publique, se trouve, au bout d'un certain temps, contraster, comme une sorte d'anachronisme, avec l'état de la civilisation. Le tarif des douanes, par exemple, comprend cinq cent soixante-six espèces de droits établis sur un nombre égal d'articles différents, dont cinq cent dix, suivant l'observation de sir Henry Parnell, n'ont pas produit tous ensemble 13,000,000 de francs. Voilà donc cinq cent dix articles de commerce soumis à des entraves onéreuses autant que vexatoires, et cela sans utilité réelle pour le trésor ! Que dire des droits sur le papier qui élèvent le prix des livres et font obstacle à l'instruction du peuple ; impôt auquel le peuple anglais a infligé la qualification flétrissante de *taxe de la pensée* ? De là aussi tous ces monopoles de droits indirects attribués à des corporations ou à des individus, et parmi lesquels on retrouve un impôt sur la publication des documents utiles au commerce, qui rapporte aux propriétaires un bénéfice annuel d'environ 300,000 francs.

De 1831 à 1836, le gouvernement a réduit ou supprimé des taxes pour une valeur d'environ 8,000,000 de livres sterling (200,000,000 de francs). Le système de l'impôt a été corrigé dans ses abus les plus révoltants, mais il gêne encore le développement de la richesse et du travail.

Sur 1,300,000,000 de francs, dont se compose le revenu de l'état, les droits de douanes produisent environ 460,000,000 ; *l'excise*, qui porte principalement sur les boissons, sur le thé, sur la fabrication du papier, des savons et de la verrerie, 440,000,000 ; les droits de timbre et l'enregistrement, 180,000,000 ; les postes 37,000,000. Le surplus du revenu est fourni par les taxes assises et par les domaines. Une autre espèce de contribution indirecte se compose des émoluments ou épices (*fees*) payés à divers litres aux officiers publics, taxe très onéreuse et d'un usage presque universel, mais qu'il est impossible d'évaluer.

Quand on recherche la différence de ce qui doit ou de ce qui peut être avec ce qui existe en matière de contribution, l'on est conduit à penser que le gouvernement anglais, quels que soient à cet égard les projets des hommes d'état, n'adoptera jamais le système de l'impôt direct. Sans revenir ici sur la disposition aristocratique du sol et des fortunes, nous pensons que la préférence donnée à l'impôt indirect dans le Royaume-Uni est la conséquence nécessaire du caractère des mœurs et de celui des institutions. Les Anglais veulent bien avoir un gouvernement, mais ne veulent pas en sentir la pression. Ils ne lui accordent une armée que pour l'employer au dehors, et à l'intérieur ils ne lui votent des subsides qu'à la condition de ne pas se trouver en contact avec les agents du fisc. Au moyen de l'impôt indirect, une classe de citoyens supporte seule la gêne et les restrictions, pour en délivrer le public ; tout se passe entre les collecteurs et un certain nombre de fabricants et de commerçants. Ceux-ci vendront l'impôt avec leurs marchandises, et le consommateur restera libre d'étendre ou de réduire sa part de contribution, suivant la mesure dans laquelle il satisfera ses propres besoins. C'est une partie de la liberté pour l'habitant de la Grande-Bretagne, de n'être taxé ni dans sa personne, ni dans sa propriété. Il se trouve à l'aise quand les produits seuls sont imposés,

Léon Faucher

et contribue plus volontiers à l'impôt quand il est maître de n'en prendre que ce qu'il lui plaît. Aucune taxe n'est plus impopulaire chez nos voisins que celle des fenêtres, bien qu'il n'y en ait pas de plus légère, ni de plus modérée.

Mais, si la forme de l'impôt indirect est assortie au caractère du peuple anglais, nous pensons qu'elle doit inévitablement se simplifier. Les États-Unis d'Amérique nous fournissent un exemple à la fois et un indice de la révolution financière qui s'accomplira un peu plus tard de ce côté de l'Océan ; le seul impôt réel établi au profit de l'état, chez les Anglo-Américains, consiste dans un système de douanes qui a pour but, non pas de protéger telle ou telle industrie indigène, mais seulement de fournir, au moyen de droits modiques, d'abondants revenus au Trésor. L'ordre social est, en Angleterre, d'un entretien bien autrement dispendieux qu'aux États-Unis, où tout homme a devant soi le désert pour domaine, et où tout travail est récompensé par un salaire élevé. La Grande-Bretagne a d'ailleurs un passé à liquider, fardeau énorme et qui lui arrache annuellement plus de 700,000,000 de francs. Nous ne saurions donc prévoir une époque dans l'avenir, où l'impôt chez nos voisins se simplifie jusqu'à l'unité. Mais nous croyons qu'il tend à se réduire à deux principales branches, savoir, aux douanes et à l'enregistrement, et dans chacune de ces divisions, à un petit nombre d'articles principaux.

Les réductions ou les suppressions opérées dans l'impôt depuis cinq ans ont atteint, en grande partie, les taxes de l'*excise* ; elles s'élèvent à plus de 100,000,000 de francs. A mesure que l'on s'occupera davantage de déférer au vœu public, l'on sera obligé d'insister dans cette voie. Nous remarquons, d'un autre côté, que chaque diminution dans les droits des douanes (*accise*) a été suivie d'un accroissement du revenu. Il n'y a donc point de danger à poursuivre la réforme économique sur le même plan. Tôt ou tard, la taxe sur le thé sera comprise dans les droits de douane, et l'on supprimera l'excise sur les boissons, qui est, de toutes les contributions indirectes, la plus pesante et la plus détestée. Alors, et quand les taxes ne seront plus levées qu'à la frontière maritime, les Anglais auront réalisé, en matière d'impôt, l'idéal du *self-government*.

Le budget, dans nos idées, représente l'ensemble des recettes et

L'ÉCHIQUIER, L'IMPÔT, LE BUDGER

des dépenses autorisées pour l'année ; en ce sens, on pourrait dire que l'Angleterre n'a pas de budget. La partie du système financier qui porte le nom de fonds consolidé se compose, en effet, de dépenses votées pour ainsi dire à perpétuité, et d'impôts destinés à y pourvoir, qui ne sont jamais remis en question. Sauf la révision des tarifs, et les modifications qu'exige de temps en temps l'assiette ou la perception d'un impôt, la prérogative des chambres ne s'exerce pas annuellement sur les taxes qui sont la source du revenu public. A l'exception du droit sur le sucre qui produit environ 75,000,000 de francs, et que l'on considère comme un supplément de ressources (*supply*), tous les impôts sont permanents.

Les dépenses imputées par privilège sur le fonds consolidé sont : 1° les intérêts de la dette inscrite, 2° la liste civile, 3° les dotations, 4° certaines pensions et annuités, 5° les traitements de la diplomatie et les cours de justice. Toutes ces dépenses, permanentes comme les taxes qui doivent y pourvoir et affranchies pareillement du vote annuel, excédaient, en 1824, 770,000,000 de francs. Les frais de régie et de perception, les *draw-backs*, etc., que l'on prélève sur les produits bruts, jouissent de la même exemption. La différence entre le chiffre des dépenses qui sont exemptes du vote annuel, et l'excédant libre du *fonds consolidé* concourt avec les taxes supplémentaires, à former la dotation des *services*. On donne ce nom aux dépenses de l'armée, de la marine, de l'artillerie, etc., dont l'ensemble s'élevait, en 1834, à 350,000,000 de francs.

En France, la charte de 1830 autorise les chambres, comme la charte octroyée, à consentir pour plusieurs années le vote de l'impôt indirect. Mais c'est une faculté dont on n'a pas fait encore usage, et dont le principe est repoussé par nos mœurs. La chambre des pairs a souvent exprimé le regret de voir remettre chaque année en question toutes les dépenses. Comment en pourrait-il être autrement dans une société qui cherche encore à se fixer, et qui n'a pas trouvé son point d'appui ? En Angleterre, où toutes choses ont de la durée, un parlement ne craint pas d'engager le vote de ceux qui suivront, car ce que l'on recherche avant tout, ce sont moins des gages de progrès que des garanties de conservation. Il n'y a vraiment que l'Angleterre au monde pour imprimer ce caractère de tradition à des actes dont l'essence est de se renouveler chaque année, et pour conserver, dans ces phases si lentes, la mobilité

Léon Faucher

nécessaire au gouvernement représentatif.

Le parlement vote séparément le budget de chaque département ministériel (*estimates*) ; mais a le vote des services, dit M. Bailly, ne suffit pas pour que la Trésorerie puisse leur appliquer les fonds que les dépenses non votées doivent laisser sans emploi. Les propositions du chancelier sont renvoyées à un comité des voies et moyens (*committee of ways and means*), et une loi autorise la Trésorerie à disposer des sommes que les services réclament sur l'excédent disponible du fonds consolidé. Bien que cet excédant balance et au-delà le chiffre des dépenses votées, et bien qu'il n'existe plus de déficit annuel, des anticipations précédentes ont dépassé de beaucoup la somme que chaque année laissait disponible ; d'où est résulté un arriéré-passif qu'il faut couvrir. Il y est pourvu principalement par des moyens de crédit : ils consistent dans des émissions de billets de l'Echiquier ou bons du Trésor, qui sont autorisés dans le cours de chaque session. L'acte qui dispose de l'excédent du fonds consolidé, récapitule les émissions antérieurement accordées en effets du Trésor, les complète jusqu'à la somme jugée nécessaire, et règle en détail l'emploi à faire des crédits ouverts à chacun des services soumis au vote. Cette loi est connue sous le nom *d'appropriation act*. Son origine date de l'année 1678. »

La dette flottante est bien plus considérable en Angleterre qu'en France ; elle n'a guère dépassé chez nous, dans les circonstances les plus difficiles, un niveau de 500,000,000 ; chez nos voisins, elle excédait, pendant toute la durée de la guerre, une somme de 1,200 millions. Aujourd'hui encore la dette flottante du Royaume-Uni (*unfunded-debt*) se compose d'environ 756 millions en capital, dont près de 700 sont destinés à pourvoir au déficit des caisses, et à combler périodiquement l'arriéré. Dans la dernière crise qui vient d'ébranler la prospérité commerciale, les bons de l'Echiquier, qui jouissaient constamment d'une prime de 2 p. 100, étant tombés au-dessous du pair, on a blâmé le chancelier pour avoir négligé de réduire la dette flottante en temps opportun. Peut-être n'était-il pas entièrement libre de le faire. La dette flottante ne coûte à l'état que 19 millions de francs par an ; c'est un médiocre fardeau, qui trouve son contre-poids dans les avantages immenses qui en reviennent au commerce et à l'industrie. La dette flottante est la base du crédit en Angleterre. Les billets de l'Echiquier, négociables comme tous les effets publics, et moins sujets aux fluctuations des cours, sont très recherchés par les capitalistes et les banquiers. Ils composent généralement le fonds de garantie des banques (*securities*), et remplacent avec avantage les réserves en or ou en argent qui sont un capital improductif. On ne pourrait en supprimer ou en réduire l'émission sans porter une grave perturbation dans les établissements de crédit.

Nous avons signalé la somme des recettes et des dépenses qui ne figurent point dans le bilan financier de l'état. Le budget, ou plutôt l'ensemble des budgets, présente une autre lacune ; il ne comprend ni les ressources annuelles, ni les dépenses des administrations locales et du clergé. M. Bailly, en compulsant laborieusement les documents parlementaires, a trouvé que le chiffre des impositions de toute nature, acquittées par les habitants du Royaume-Uni, s'élevait à 2,025,055,000 francs. Cette somme se décompose ainsi qu'il suit : l'impôt général produit 1,255,000,000 ; les droits de péage, émoluments ou épiées, 83,000,000 ; les dîmes et impôts établis au profit du clergé, 208,000,000 ; les taxes des comtés, qui ont pour objet l'entretien des routes et la police publique, 151,000,000 ; enfin les taxes paroissiales ou municipales, 327,000,000, dans lesquelles la taxe des pauvres est comprise pour 145,000,000. Les contributions locales sont évaluées, dans les calculs de M. Bailly, à 477,000,000 de fr., ce qui représente, à peu de chose près, le cinquième du revenu total et la moitié des dépenses de pure administration. En France, la proportion de l'impôt local à l'impôt général est beaucoup moins forte. Le pouvoir central exécute chez nous une grande partie des travaux et supporte la plupart des charges qui appartiennent en Angleterre aux localités. Cela seul montrerait au besoin que le gouvernement ne procède pas du même principe dans les deux pays.[1]

---

1 Nous voyons, dans les *Renseignements statistiques* publiés par le ministre du commerce, que les dépenses départementales de toute nature se sont élevées, en 1832, à 56,774,206 francs. Les revenus des communes, autre partie des impositions locales, composaient, en 1833, une somme de 169,534,584 francs, ce qui donnait, pour le total des communes et des départements réunis, 226,238,790 francs, ou un peu moins du cinquième du budget général de la France, et une somme inférieure de moitié aux dépenses locales du Royaume-Uni.

Léon Faucher

LA BANQUE D'ANGLETERRE, LE CRÉDIT

Si la distribution de la richesse est toute féodale en Angleterre, et se concentre sur quelques têtes privilégiées, l'unité, et l'unité la plus rigoureuse, préside au système de la circulation. Ce n'est pas, au reste, le gouvernement qui en a le monopole ; de cette prérogative absolue que s'arrogeaient les souverains au moyen-âge de fixer le titre des valeurs monétaires, il n'a conservé que le droit de frapper les espèces à son coin et de les nommer. Le roi d'Angleterre bat monnaie ; mais c'est la Banque d'Angleterre qui fournit les lingots, et qui détermine, en élevant ou en abaissant le taux du change, la quantité des espèces métalliques qui resteront dans le royaume ou qui seront exportées.

La Banque est le plus grand dépôt des capitaux qui existe, non seulement en Angleterre, mais dans le monde entier. Elle possède le quart du numéraire qui circule dans la Grande-Bretagne, c'est-à-dire 200 à 250 millions de francs. Le papier-monnaie qui sert de complément à cette circulation, sort en grande partie de ses coffres et de ses ateliers. Sur une masse de billets qui représente 700 à 750 millions de francs, la Banque en émet à elle seule les trois cinquièmes, ou 450 millions. La Banque bat monnaie, et ses billets sont la monnaie usuelle, égale en valeur à l'or, et plus recherchée.

Placée au-dessus de tous les établissements de crédit, comme un surveillant et comme un arbitre, elle n'est elle-même ni contrôlée ni limitée dans son droit d'émission. Elle peut, à son gré, inonder l'Angleterre de son papier ou le retirer de la circulation, et possède ainsi sans partage cet immense pouvoir de changer le prix des choses, soit en contractant, soit en dilatant le mouvement des capitaux.

Des trois royaumes qui forment l'Union, chacun a son système particulier de banque, comme son système différent d'administration. Mais ces rouages divers du crédit se rattachent tous à la Banque d'Angleterre comme à un centre d'impulsion.

Dans l'Angleterre proprement dite, siège du parlement et du pouvoir exécutif, foyer du commerce et de l'industrie, la Banque de Londres, avec son gouverneur et ses vingt-quatre directeurs électifs, forme comme le haut gouvernement du crédit public et privé. Depuis l'année 1694 jusqu'en 1826, la Banque était la seule association *incorporée* qui eût en Angleterre le privilège d'émettre des billets. En renouvelant la charte d'institution, on a borné ce monopole à un rayon de soixante-cinq milles autour de Londres. Mais elle a établi, dans les comtés les plus éloignés, des succursales (*branch-banks*), qui lui servent à gouverner partout la circulation. D'ailleurs, comme ses billets forment, concurremment avec les bons de l'Echiquier, le fonds de garantie dans tous les établissements de banque que lèvent des particuliers ou des associations, c'est d'elle que part et c'est à elle qu'aboutit la circulation.

L'Irlande, qui obéit à un vice-roi anglais, défendu par une armée anglaise, et chargé d'appliquer les lois de l'Angleterre, a aussi une banque nationale, espèce de vice-royauté financière, qui relève et dépend de la banque-monstre établie dans la Cité. La Banque d'Irlande est assise sur les mêmes bases que la Banque d'Angleterre ; mais ce sont comme des forces d'emprunt dont la métropole du crédit a doté sa colonie.

La Banque irlandaise a aussi un privilège d'émission, limité à un rayon de cinquante milles autour de Dublin ; mais son capital est borné, et ses relations purement insulaires. Les billets de la Banque d'Irlande n'ont pas cours en Angleterre, tandis que ceux de la mère-banque sont reçus en Irlande avec faveur. En cas de panique et de dépréciation de leurs propres billets, c'est avec des billets de la Banque d'Angleterre ou avec de l'or que celle-ci leur fournit, que les banques d'Irlande rembourseraient leurs porteurs.

Les banques d'Ecosse forment une espèce d'association républicaine, assez semblable à l'organisation de l'église presbytérienne, qui domine dans cette contrée. La loi ne met de limites ni au nombre des établissements de crédit, ni au nombre des actionnaires de chaque établissement ; elle ne détermine ni l'importance du fonds social, ni l'étendue des opérations.

Mais elle a voulu que tout actionnaire devînt solidaire, jusqu'à concurrence de sa fortune personnelle, des engagements de la compagnie, et que ses propriétés foncières fussent grevées de cette solidarité. Dans le système écossais, la concurrence, qui n'est ailleurs qu'un principe d'anarchie, a reçu des règles et une sorte d'organisation. Les émissions se limitent naturellement par le contrôle que tous les établissements ensemble exercent sur chacun d'eux. Deux fois par semaine, les trente-six banques d'Ecosse soldent entre elles par l'échange de leurs billets ; les différences sont couvertes par des remises sur Londres, à dix jours de vue. La banque qui aurait forcé ses émissions ne pourrait pas échapper à cette surveillance constante, et se verrait bientôt mise au ban de la communauté ; on s'entendrait pour refuser son papier.

Quelle que soit la perfection de ce système, à l'abri duquel le crédit en Ecosse a échappé, depuis cinquante ans, à toutes les perturbations qui ont ébranlé les pays voisins, il suppose un point d'appui sur lequel la machine entière vienne porter, à savoir l'existence d'une valeur qui ne soit pas susceptible de dépréciation, l'or ou les billets de la Banque d'Angleterre. Supprimez l'un ou l'autre moyen de fournir les soldes, et le système écossais n'est plus qu'une ville échafaudée dans les nues. Toute banque établie en Ecosse a un agent à Londres ; c'est une nécessité de son organisation, en même temps qu'un signe de vassalité.

La Banque d'Angleterre étant le principal agent et le centre de la circulation dans le Royaume-Uni, nous avons maintenant à examiner ses attributions, aussi bien les rapports qui la lient à la fortune de l'état, que ceux qu'elle entretient avec le commerce et l'industrie.

La Banque d'Angleterre est le caissier du gouvernement, de même que les banquiers sont les caissiers du public.[1] Elle est chargée

---

1 «On ne connaît pas dans le Royaume-Uni cet usage de thésaurisation partielle qui, établissant dans chaque habitation une réserve de fonds, forme pour le pays une masse énorme de capitaux enlevés à la circulation et improductifs pour tous. Toute personne qui touche, même en traites ou autres effets de commerce, une somme dont l'emploi ne doit pas être immédiat, la verse au banquier chez lequel elle a été accréditée. Les banquiers ne sont autres que les caissiers du public. Un compte est ouvert à chacun des clients. Il reçoit un livret contenant des feuillets formulés qui, détachés de leur souche, signes et remplis d'une somme par le possesseur, deviennent autant de mandats que tout fournisseur ou créancier admet en paiement, et auquel le banquier fait honneur à la présentation » (*Exposé de l'administration des finances.*)
Les transactions financières ainsi concentrées dans les mains des banquiers sont encore simplifiées par l'institution du Clearing-house, ou bureau des dépouillements, dont M. Babbage, dans son *Économie des machines*, donne la description suivante : «Dans une grande salle située dans Lombard-Street, environ trente commis, attachés aux différentes maisons de banque de Londres, se placent, suivant l'ordre

d'opérer le recouvrement du revenu public pour le compte de la Trésorerie, et de verser dans les mains des comptables les fonds dont la Trésorerie a ordonnancé les paiements. La Banque d'Irlande et la Banque royale d'Ecosse remplissent les mêmes fonctions dans chacun de ces deux royaumes ; mais elles sont tenues d'expédier à la Banque d'Angleterre, pour le compte de l'Echiquier, les sommes qui forment l'excédent du revenu sur les dépenses acquittées. Même pour l'Angleterre proprement dite, les fonds qui entrent dans les caisses de la Banque, ne sont pas le revenu brut de l'état ; ainsi que nous l'avons déjà fait remarquer, les administrations auxquelles est confié le soin de recueillir les produits de l'impôt, prélèvent par privilège, sur la masse des recettes, les frais de régie et de perception. La centralisation des recettes opérée par la

---

alphabétique, à des pupitres disposés autour de l'appartement. Chaque commis a une petite boîte ouverte à côté de lui, et le nom de la maison à laquelle il est attaché est écrit en gros caractères sur la muraille, au-dessus de sa tête. De temps en temps d'autres commis, appartenant aux diverses maisons de Londres, entrent dans la salle, la parcourent, et déposent dans la boîte de chaque maison de banque les mandats tirés sur elle par leur propre maison. Le commis-banquier placé auprès de cette boîte inscrit ces divers mandats sur un livre préparé d'avance, et y joint le nom du tireur.

« A quatre heures, toutes les boîtes sont enlevées de leur place. Chaque commis additionne le montant des mandats déposés dans la boîte, et payables par sa propre maison aux autres maisons de banque. Il reçoit aussi de cette même maison un autre livre qui contient le montant de tous les mandats que son commis distributeur a déposés dans la boîte de chacun des autres banquiers. Il compare, pour chaque maison de banque, les deux sommes, et écrit la balance que sa maison doit payer ou recevoir, avec le nom de chacun de ces banquiers en regard ; il vérifie cet état, en le comparant à celui que dressent les commis de ces maisons ; puis il envoie à sa maison la balance générale qui résulte de son calcul, et si, d'après cette balance générale, sa maison doit aux autres, elle lui renvoie le montant en billets de banque.

« A cinq heures, l'inspecteur se place sur son siège. Chaque commis qui, d'après les résultats de tous ses calculs, doit payer une différence à diverses autres maisons, la paie à l'inspecteur, qui lui donne un reçu égal à la somme versée. Les commis des différentes maisons à qui cette somme est due reçoivent ce qui leur revient des mains de l'inspecteur, qui prend de chacun d'eux un reçu d'une valeur égale. Ainsi la totalité des paiements se trouve faite par un double système de balance, en ne faisant passer de main en main qu'un très petit nombre de billets de banque, et très rarement de la monnaie métallique.

«174. Il est difficile de former une évaluation exacte des sommes qui passent par jour à ce bureau ; elles varient depuis 2 jusqu'à 15 millions de livres sterling (de 50 à 375 millions de francs). La moyenne peut aller à deux millions et demi de livres sterling en billets de et 20 livres sterling en espèces.»

Léon Faucher

Banque, au moyen de ses douze succursales, ou par l'intermédiaire des banquiers que le Trésor a désignés, ne porte que sur le revenu net. De même, en sa qualité de payeur-général, la Banque n'a à pourvoir qu'aux arrérages de la dette et à la dotation des services votée par le parlement.

La Banque n'embrasse pas toutes les opérations de la dette ; 130 millions de rentes échappent annuellement à son contrôle, et dépendent de diverses administrations. Mais en servant les intérêts de la dette, elle doit opérer et constater tous les transferts. Pour prix de ces fonctions, qui entraînent des frais considérables, et qui engagent d'ailleurs la responsabilité de la Banque, le Trésor lui payait une indemnité de 6,785,000 francs. Cette somme a été réduite de 3 millions, par l'acte de 1834, qui a renouvelé pour dix années la charte de cet établissement.

Relativement aux dépenses des services votés, la Banque, ainsi que le fait observer M. Bailly, n'a rien des attributions d'un agent responsable chargé de libérer le Trésor envers ses créanciers. Sa mission se borne à remettre, aux porteurs des *warrants* délivrés par l'Échiquier, le montant de ces mandats. Elle ouvre un compte courant au Trésor, comme aux particuliers qui lui remettent leurs épargnes en dépôt, avec cette seule différence que la Banque s'engage à faire des avances à l'état. Le service de Trésorerie opéré par la Banque n'est pas, comme il semble, entièrement gratuit. En premier lieu, les avances faites à l'état portent intérêt, et sont représentées par des bons de l'Echiquier. La jouissance de vingt jours que la Trésorerie accorde pour prix du mouvement des fonds, peut encore être regardée comme une prime de un quart pour cent. A ces avantages, la Banque ajoute la libre disposition de soldes considérables appartenant à l'état. Ces valeurs, qui s'élevaient, en 1807, à 316 millions, ne figurent plus aujourd'hui dans les comptes de la Banque, depuis la réforme de l'Échiquier, que pour une somme moyenne de 100 millions. En récapitulant les divers profits que la Banque retire de ses relations ordinaires avec l'état, on voit qu'ils ne peuvent être évalués à moins de 12 ou 15 millions de francs.

La situation de la Banque, à la fin de 1835, représentait les proportions suivantes : le passif de la Banque se composait de 414,100,000 fr., de billets ou de mandats en circulation, et de

LA BANQUE D'ANGLETERRE, LE CRÉDIT

509,250,000 fr., valeur des fonds déposés en compte courant sans intérêt, soit par des établissements publics, soit par des particuliers ; au total 923,330,000 fr. La Banque possédait en même temps, en numéraire ou en lingots, 192,950,000 fr., en inscriptions de rentes, en billets de l'Échiquier, et en effets de commerce, 794,100,000 fr., formant un total de 987,050,000 fr., et un excédant de 63,700,000 fr. de l'actif sur le passif.

Il ressort jusqu'à l'évidence, des chiffres de cette balance, que la Banque d'Angleterre est, en réalité, un ressort essentiel, sinon le ressort principal du gouvernement. Presque toutes ses opérations ont pour base ou pour objet quelque relation directe ou indirecte avec le Trésor. Ainsi les effets de commerce forment à peine la huitième partie des valeurs qui représentent, pour elle, les fonds en émission. La masse de ces garanties se compose de bons de l'Échiquier, que la Banque reçoit pour gage de ses avances au Trésor, ou qu'elle achète pour tenir lieu, dans ses caisses, de l'or ou de l'argent qui resteraient improductifs. Les fonds des particuliers forment, au contraire, la plus grande partie des dépôts qui lui sont confiés. L'argent qu'elle emprunte ainsi gratuitement est prêté ensuite au gouvernement qui lui en paie l'intérêt ; l'état, à son tour, lui sert de garantie et de caution, à l'égard des premiers prêteurs, par des titres qu'il remet dans ses mains. La Banque n'est, en réalité, qu'un intermédiaire, mais un intermédiaire responsable dans ce jeu de la circulation, où elle représente le mouvement, et l'Etat le point d'appui.

En France, la Banque royale établie à Paris n'a que des relations très secondaires avec le Trésor ; dans le compte courant qu'elle lui ouvre, celui-ci se trouve presque aussi souvent créancier que débiteur. C'est à peine si la Banque engage une partie de ses fonds dans la dette flottante ; et quant à la dette inscrite, lorsque l'état veut emprunter, c'est ailleurs qu'il va chercher des prêteurs. Dans la Grande-Bretagne, au contraire, la Banque est le principal instrument du crédit public. S'agit-il de réduire l'intérêt de la dette par une conversion partielle ou générale des rentes inscrites, la Banque d'Angleterre fournit à l'Échiquier les fonds nécessaires pour répondre aux demandes de remboursement. Quand l'état a besoin de faire un emprunt, il s'adresse d'abord à la Banque qui est dans les meilleures conditions pour lui prêter. Le capital social de

Léon Faucher

la Banque qui s'élevait encore, en 1832, à 363,825,000 francs, avait été absorbé par les prêts faits successivement à l'état, depuis 1694, à un taux moyen de 3 pour 100. En 1823, une nouvelle avance de 327 millions fut accordée au Trésor ; ainsi, malgré le remboursement opéré en 1833, et la réduction équivalente de 91 millions dans le capital social de la Banque, l'état se trouve encore débiteur envers elle de 547,825,000 fr., sans compter les titres de la dette flottante dont la Banque est le principal acheteur.

L'intervention constante de la Banque dans les opérations de crédit auxquelles se livre le gouvernement a mis le Trésor dans sa dépendance, et pour ainsi parler, à sa merci. Le sanhédrin de *Stock-Exchange* règle l'intérêt des bons de l'Échiquier aussi bien que le taux de l'escompte commercial. Une lutte s'établit, il y a six mois, entre la Banque qui exigeait que la prime de ces billets fût élevée, et le chancelier de l'Échiquier qui refusait d'ajouter, sans nécessité, aux charges du Trésor ; c'est le chancelier qui a cédé.

La Banque d'Angleterre est à la fois banque de prêt et d'escompte, banque de dépôt et banque de circulation ; elle ne fait pas, comme la Banque de France, des avances de fonds sur effets publics ; mais à l'escompte des valeurs commerciales elle joint la faculté de prêter sur marchandises ou sur hypothèques, souvent même et dans les temps de crise, sur un simple engagement des commerçants qui ont recours à son appui. Le pouvoir qu'elle a d'émettre du papier-monnaie est par le fait le plus étendu qui ait été confié à un établissement de crédit. La circulation de la Banque des États-Unis n'excède pas ordinairement 100 millions de francs ; celle de la Banque de France est d'environ 200 millions ; celle de la Banque d'Angleterre, qui a dépassé en 1826 760 millions, est aujourd'hui de 400 à 450 millions. Cette supériorité de moyens d'action ne résulte pas seulement de l'importance des capitaux employés ; car la Banque d'Angleterre, bien que son fonds social ait été réduit par la charte de 1823 à 275 millions, n'a pas restreint le cercle de ses opérations, ni vu diminuer son crédit. Le privilège dont elle jouit lui confère aussi plusieurs avantages spéciaux : ses billets sont les seuls qui aient un cours légal et forcé ; elle peut faire concurrence aux compagnies de banques dans les comtés, par les succursales qu'elle y établit, tandis que ces associations, exclues par le monopole de Londres et des villes voisines, ne peuvent lutter avec la Banque

LA BANQUE D'ANGLETERRE, LE CRÉDIT

sur son propre terrain ; enfin elle a le droit d'émettre des billets à ordre et à sept jours de vue (*bank-post-bills*) qu'elle envoie dans les provinces, et qui servent à opérer les revirements de fonds. Mais ce ne sont là comparativement que des avantages de détail ; la grandeur colossale de la Banque d'Angleterre vient surtout de l'excellence de sa position. Qu'on la transporte avec tous ses privilèges, disposant du même crédit, et dirigée avec la même habileté, à Paris, à New-York ou à Amsterdam, et le prestige ne tardera pas à s'effacer. C'est parce que Londres est la métropole du monde commercial que la Banque d'Angleterre a comme la direction suprême du crédit. Ses relations avec le commerce ont diminué d'année en année ; et pendant qu'elles se réduisaient, son influence croissait pour ainsi dire dans la même proportion. En 1810, pendant la suspension des paiements en espèces, la Banque escompta pour 2 milliards de papiers ; en 1825, ses escomptes n'étaient plus que de 495 millions, et de 163 millions en 1831 ; aujourd'hui ils s'élèvent à peine à 60 ou 70 millions. Il faut voir cependant avec quelle anxiété, lorsqu'il survient quelque changement dans l'état du commerce, on attend la déclaration de la Banque, qui abaisse ou élève le taux de l'escompte, pour en apprécier les conséquences. Chacun de ses actes est un exemple que la foule des spéculateurs suit religieusement.

A la fin de 1836, la Banque n'eut qu'à refuser le papier de quelques maisons américaines établies à Londres, pour déterminer la crise qui se préparait à faire explosion ; c'est encore une décision de la Banque qui a marqué le premier temps d'arrêt dans cette série de désastres commerciaux. En venant au secours des maisons puissantes qui étaient en péril, et en offrant de prêter 50 millions de francs à la Banque des États-Unis, elle a relevé le courage des commerçants. Or, dans les catastrophes de ce genre, on a tout réparé, quand on a détruit la peur.

Les billets de la Banque de France n'ont pas cours en France, hors de Paris. Les billets de la Banque d'Angleterre, qui ont la valeur de l'or dans la Grande-Bretagne, sont reçus au pair dans toutes les places de commerce du continent. Est-ce le monopole qui confère une telle puissance ? et qu'ont de commun les privilèges de la Banque avec cette domination qu'elle exerce sur le crédit dans des contrées que séparent leurs usages, leurs lois, et peut-être leurs intérêts ? Un écrivain, du reste fort compétent, M. M. Chevalier, a exprimé l'opinion que la Banque d'Angleterre ne s'occupait point des opérations du change extérieur. Cette observation n'est pas complètement exacte. Sans doute la Banque n'intervient pas directement ; mais elle domine le cours du change, et le règle dans les grandes occasions. En donnant à ses billets la valeur de l'or, elle a, par ce seul fait, acquis le bénéfice du change à l'Angleterre ; elle le conserve en accumulant dans ses caves l'or qui n'est pas nécessaire à la circulation. Dans les moments de crise où l'exportation des métaux précieux devient plus abondante et fait tourner le change au désavantage du commerce anglais, c'est encore la Banque qui rétablit l'équilibre, soit en élevant le taux de l'escompte, soit en vendant des bons de l'Échiquier pour réduire d'autant la circulation de ses propres billets, soit en vendant de l'argent pour avoir de l'or. Elle n'agit pas à la manière d'un spéculateur, mais comme un gouvernement, rectifiant ou réparant dans les résultats généraux les écarts des efforts individuels.

Tout irait bien si, dans l'accomplissement de ce rôle providentiel, l'intelligence ne devait pas manquer quelquefois à ceux qui en ont la responsabilité. La Banque d'Angleterre est dirigée par des hommes éminents et qui ont blanchi dans l'expérience des affaires ; et pourtant, dans la crise commerciale qui s'est déclarée en 1836, ils ne se sont pas trouvés à la hauteur de leur mission. Les directeurs de cet établissement affirment qu'il leur est devenu impossible de la remplir ; ils attribuent les excès de la spéculation et les embarras commerciaux qui en ont été la conséquence, à l'émission surabondante de papier-monnaie que les compagnies de banque (*joint-stock banks*) ont jeté dans la circulation ; l'un d'eux, M. Palmer, va jusqu'à dire que le système des banques par actions, tel qu'il est autorisé par les lois, présente de si grands dangers, que la Banque d'Angleterre ne peut pas exister concurremment avec ces compagnies. Les banquiers, de leur côté, rejettent la faute sur la Banque, qui s'y est prise un peu tard pour resserrer la circulation, et qui, après avoir refusé tout crédit aux maisons engagées dans le commerce avec les États-Unis, a fini par déférer au vœu public en venant au secours de celles que la crise avait le plus durement frappées.

Si l'émission de papier-monnaie a excédé en effet les besoins de la circulation, la Banque d'Angleterre n'est pas plus innocente

LA BANQUE D'ANGLETERRE, LE CRÉDIT

de cette faute que les banques des comtés. Voici le tableau des valeurs circulantes qui ont été émises en Angleterre par les divers établissements de crédit, pendant les trois dernières années. Ce document a été publié par ordre du parlement.

	Banquiers particuliers	Compagnies de banque par actions.	Banque d'Angleterre
Décembre 1833	8,836,803 liv. st.	1,315,301 liv. st.	17,469,000 liv. st.
Décembre 1834	8,537,655 —	2,122,173 —	17,070,000 —
Juin 1835	8,455,114 —	2,484,687 —	17,637,000 —
Décembre 1835	8,334,863 —	2,799,551 —	16,564,000 —
Juin 1836	8,614,132 —	3,588,064 —	17,184,000 —

Ainsi dans l'espace de trois années, et malgré le mouvement ascendant de l'industrie, la quantité des billets mis en circulation par les maisons de banque n'a pas sensiblement varié. Les établissements les mieux conduits ont une tendance très prononcée à se servir des billets de la Banque d'Angleterre, de préférence à leurs propres valeurs ; de là cette légère différence de 5 à 6,000,000 de fr. que l'on remarque entre les émissions de 1833 et celles de 1836.[1] Les sociétés de banque par actions se sont au contraire prodigieusement multipliées, et les plus anciennes ont étendu sans mesure leurs opérations. De 1833 à 1836, elles ont travaillé à substituer, dans la circulation, leur papier à celui de la Banque d'Angleterre, qui fondait pendant ce temps de nombreuses succursales et frappait de nouveaux billets, pour étouffer la concurrence qui la menaçait. Il en est résulté, d'une part, que les émissions des banques par actions se sont accrues de plus de 50,000,000 de francs, et de l'autre, que la banque n'a pas réduit

1 En 1825, la somme du papier-monnaie en circulation était en Angleterre de 1,150,000,000 fr.

les siennes, pendant que le numéraire en réserve dans ses caisses diminuait de près de 100,000,000 de francs.

Nous signalons ces faits sans prétendre les convertir en chefs d'accusation. Une somme de 50,000,000, voilà quel est, en définitive, l'excédent des valeurs créées depuis 1833 ; et quel que soit l'établissement qui a donné au crédit ce surcroît d'impulsion, nous ne saurions croire qu'il en fût résulté un bouleversement commercial, sans le contrecoup qu'a produit en Angleterre la crise des États-Unis. Celle-ci a été la goutte d'eau qui fait déborder un vase déjà trop plein.

La clameur qui s'élève depuis quelque temps, en Angleterre, contre les sociétés de banque par actions, s'attache beaucoup moins au mal qu'elles ont fait qu'à celui qu'elles peuvent faire, et aux personnes qu'à l'institution. La loi n'exige des sociétaires que d'insignifiantes garanties. Il suffit d'acheter une licence, et de faire connaître le nombre des actionnaires, pour avoir le droit de créer une banque. Aujourd'hui l'on compte plus de cent banques par actions en Angleterre. Elles ne sont assujetties qu'à la simple formalité de déclarer, chaque trimestre, à l'administration du timbre, la moyenne de leurs billets (*bank-notes*)] en circulation. La loi ne prescrit rien quant à la proportion du capital réalisé avec les billets émis ; la faculté d'étendre ce capital n'est pas moins illimitée que celle d'augmenter les valeurs en circulation. Les actionnaires, quoique responsables dans leur fortune personnelle des engagements de la compagnie, ont plus d'un moyen de décliner cette responsabilité ; les statuts ne sont soumis ni à l'approbation, ni à la révision de l'autorité compétente ; enfin la loi n'exige pas que le fonds de garantie soit tenu en réserve sous forme d'espèces métalliques, ou de valeurs non susceptibles de dépréciation (*securities*).

Il faut dire que le silence de la loi représente fidèlement ici, à certains égards, les lacunes actuelles de la science. La Banque d'Angleterre a bien admis pour règle qu'elle aurait dans ses caves, en numéraire ou en lingots, le tiers du montant réuni de ses émissions et des fonds déposés entre ses mains ; mais cette règle n'a jamais été appliquée. En 1833, lorsque le numéraire en caisse s'élevait encore à 10,209,000 livres sterling, les engagements de la banque (*liabilities*), tant les billets émis que les dépôts reçus, formaient un total de

32,620,000 livres sterling. En 1836, le numéraire était descendu à 6,868,000 livres sterling, tandis que la valeur des engagements était de 32,914,000 livres sterling : proportion du cinquième, au lieu du tiers. Les émissions n'avaient donc eu pour régulateur que l'action du public combinée avec le désir d'augmenter les profits, genre de séduction auquel la banque n'était pas plus insensible que tout autre établissement de crédit.

C'est le hasard qui a fait jusqu'ici les frais des règles suivies en matière de banque. Mais quel principe doit servir à les modifier ? Si un banquier pouvait être tenu de rembourser constamment, à la première sommation, tous les fonds déposés dans ses mains, le commerce qui consiste à prêter en masse l'argent que l'on reçoit en détail, le crédit, en un mot, serait impossible. Les profits du banquier consistent précisément en ce qu'il peut jeter dans la circulation, sous une autre forme, la meilleure partie des capitaux qui lui sont confiés ; sa sécurité vient de ce que tous les billets qu'il émet étant remboursables contre de l'or, le public n'en demande qu'à de rares intervalles le remboursement. Dans un moment de panique, il peut arriver que les demandes se multiplient. Jusqu'où peut aller cette terreur ? Nul ne le sait, car l'expérience du passé, en fait de crédit, comme dans les événements politiques, n'enseigne pas entièrement l'avenir, et le calcul des probabilités doit varier selon les époques et les contrées.

Dans notre opinion, l'on recherche les garanties de sécurité là où elles ne sont pas. Il importe bien moins à une banque d'accumuler une formidable réserve de numéraire, pour parer aux demandes imprévues, que de fortifier le crédit de l'établissement, pour rendre l'imprévu impossible, et d'ajouter à la confiance du public.

D'où vient que la monnaie d'or et d'argent conserve sa valeur dans toutes les situations de l'état et de l'industrie, sinon de ce que chacun sait que la valeur dont ces espèces sont le signe ne recevra point d'altération ? Si la dernière crise n'a point affecté le cours des fonds publics, n'est-ce pas encore parce que l'on est aujourd'hui convaincu que l'état, quand il le voudrait, ne pourrait pas se dispenser de tenir ses engagements ? Plus on élèvera la responsabilité des établissements de banque, plus on leur fera partager cette solidarité sociale qui lie l'état au pays, et plus on les aura mis à l'abri de ces effroyables chocs (*runs*) de la défiance

Léon Faucher

populaire, contre lesquels rien, jusque ici, n'a pu tenir.

Nous n'examinerons pas si l'on peut introduire des réformes utiles dans la constitution des banques par actions, qui se répandent de nouveau en Angleterre. Il est une question préalable à vider. Le droit d'émettre le papier-monnaie doit-il appartenir à un établissement unique, ou devenir la propriété de quiconque aura des capitaux et l'habileté suffisante pour les exploiter ? Lequel est le plus sain, en pareil cas, du régime du monopole ou de celui de la concurrence ? Est-il possible que, dans un pays où le type monétaire a été ramené à l'unité pour les espèces métalliques, il y ait cinq cents sortes de papier-monnaie ? que l'unité soit d'un côté, et de l'autre l'anarchie ? La lettre de change n'est pas une monnaie, parce que sa valeur varie suivant le crédit du tireur et de l'endosseur ; or, en quoi les billets de banque auraient-ils cet avantage de préférence à la lettre de change, s'ils ont un escompte à subir, marqué par les divers degrés de confiance que le public accorde à chaque établissement ?

Au moyen-âge, le droit de battre monnaie, droit féodal et de souveraineté, appartenait à tous les seigneurs qui avaient des terres et des vassaux. C'était la confusion des espèces aussi bien que celle des langues et des pouvoirs. Et comme rois, ducs, comtes et barons, dans une nécessité pressante, ne se faisaient nul scrupule d'altérer le titre des valeurs monétaires, le commerce, dans ses échanges, ne jouissait d'aucune sécurité. Le temps et la civilisation ont ramené les monnaies, ainsi que les provinces, à l'unité dans chaque royaume. Cette unité tend même à s'établir entre les divers royaumes de l'Europe, où le type français, le plus simple de tous et le plus rationnel, commence à dominer ; mais la monnaie métallique ne sera à son état le plus parfait que lorsque le même type monétaire servira d'agent à la circulation chez tous les peuples civilisés.

La monnaie de papier est encore aujourd'hui, en Angleterre et aux États-Unis, dans son état féodal. La libre concurrence du commerce d'émission ne représente pas autre chose dans ces contrées. Chaque banque locale est comme un tyran de province, dont la monnaie n'a cours que parmi ses vassaux ; ici encore, la multiplicité des signes monétaires s'oppose à leur universalité. Ce ne sont pas des valeurs qui puissent servir partout de base aux échanges. L'anarchie se trouve même poussée beaucoup plus loin pour la monnaie de papier qu'elle ne l'a jamais été pour la monnaie d'or et d'argent ; celle-ci, dans les pays où son empreinte n'a pas cours, conserve une valeur métallique, tandis qu'un papier de banque, hors du cercle où il est reçu, demeure absolument sans valeur.

M. Bailly, d'accord avec sir H. Parnell, paraît croire que l'on ne peut établir un bon système de circulation qu'en admettant, entre les établissements de banque, une concurrence illimitée. « Diminuez, dit-il, le capital de la banque d'Angleterre, révoquez l'acte qui interdit à toute association de plus de six personnes d'émettre des billets au porteur, dans un rayon de soixante-cinq milles de Londres (104 kilomètres), et le crédit va se trouver garanti des secousses sans nombre qui l'ont ébranlé jusqu'ici. »

C'est là, selon nous, une pure illusion. La concurrence illimitée en matière de banque existait naguère et existe encore sans contrôle aux États-Unis. Combien de temps a-t-il fallu à ce système pour amener un déroute complète du crédit ! Jackson lui-même, qui a contribué, plus que personne, à délivrer les banques locales du tuteur central qui les contenait, est le premier à déclarer aujourd'hui qu'elles n'ont pas rempli les devoirs de leur position.

Que la concurrence préside aux relations du commerce et de l'industrie, c'est un droit, une nécessité ; mais les attributions du gouvernement ne doivent pas être abandonnées en propriété aux individus. Ce que la communauté seule peut faire par ses représentants ne saurait tomber dans le domaine des efforts particuliers. Un manufacturier, un commerçant ou un banquier est bien placé pour juger s'il n'a pas étendu ses opérations au-delà de ses ressources ; mais qui décidera si l'abondance du signe monétaire égale ou excède les besoins de la circulation ? Quel particulier, quelles que soient la sagacité de son intelligence et l'étendue de ses relations, embrassera, de la sphère individuelle qu'il occupe, l'ensemble des faits et des symptômes qu'il s'agit d'apprécier ?

La faculté d'émettre du papier-monnaie n'est pas, à proprement parler, une attribution commerciale. Des trois principales fonctions que remplissent aujourd'hui les banques, le prêt, le dépôt et la circulation, celle-ci peut, sans inconvénient, être détachée

Léon Faucher

pour donner lieu à un privilège spécial. Les banques seront encore les agents nécessaires du mouvement des capitaux ; elles se placeront tout aussi naturellement entre le capitaliste qui prête et le commerçant qui emprunte, quand le droit de battre monnaie leur aura été retiré. Ce qui constitue la banque et le crédit, c'est précisément cette opération de prêter, en masse et à une prime relativement plus élevée, des fonds reçus de toutes mains, et qui ne portent qu'un faible intérêt. Voilà le commerce que l'on peut abandonner à la concurrence, et dans lequel la concurrence est utile pour amener le bon marché, ainsi que le bon emploi des capitaux. Mais la concurrence dans l'émission du signe monétaire ne fait qu'annuler ou déprécier la puissance de cette valeur.

En Angleterre, comme en France, comme aux Etats-Unis, comme chez tous les peuples qui ont des institutions de crédit, on en viendra, nous le croyons, avec le temps, à ériger en monopole absolu le droit de battre monnaie de papier. L'unité du signe de la circulation s'établira tout aussi rigoureusement pour le papier que pour l'or et pour l'argent. Quant à la question de savoir si le gouvernement se réservera d'exercer ce droit par lui-même ou de le déléguer, ce n'est qu'une difficulté d'exécution.

En Angleterre, quelques bons esprits engagés dans cette tendance d'opinion, mais qui n'en adopteraient peut-être pas encore la dernière conséquence, ont demandé que les attributions monétaires de la Banque fussent séparées de ses attributions commerciales.[1] Ses intérêts, comme comptoir d'escompte et de prêt, sont, en effet, en opposition directe avec les devoirs que lui imposent ses fonctions de surveillant général de la circulation. Plus elle émet de billets, plus elle accroît ses bénéfices, et par conséquent les dividendes des actionnaires ; mais aussi des émissions trop abondantes dérangent l'équilibre monétaire, qu'elle est chargée de maintenir.

A considérer attentivement les faits, on reconnaît que la séparation

---

1 Voici les conclusions fort remarquables qui ont **été** posées dans un pamphlet récent, par M. J. Loyd ; **nous** donnons le texte anglais dont notre langue rendrait mal l'énergie : « **1° To strengthen the monopoly, as regard currency, of the central issuer ; 2° to make a gradual approach towards the separation of Banking** fonctions from the management of currency ; 3° to have a distinct separation in the accounts of the Bank, of the management of the currency, from every other branch of her business ; to have a separate committee of currency, and to associate with the committee a représentative of the government.»

LA BANQUE D'ANGLETERRE, LE CRÉDIT

des deux intérêts s'accomplit par la force des choses. La Banque se retire insensiblement de l'arène commerciale ; pour suppléer à l'insuffisance de ses escomptes, il a fallu créer un comptoir spécial à Londres, sous le titre de *London and Westminster Bank*. Les fonds que le public dépose dans ses bureaux, elle les prête plus fréquemment au trésor qu'à l'industrie. De ces restrictions à l'abandon absolu de toute opération commerciale, il n'y a véritablement qu'un pas ; encore une crise, et ce pas sera franchi.

ISBN : 978-1533482389

Léon Faucher

www.ingramcontent.com/pod-product-compliance
Lightning Source LLC
Chambersburg PA
CBHW062029280526
45787CB00005B/2265